AF236078

Anderland

Gedichte auf der Jahresflucht

Daniel Haw

Illustration: Daniel Haw

Die Deutsche Nationalbibliothek verzeichnet diese
Publikation in der Deutschen Nationalbibliografie;
detaillierte bibliografische Daten sind im Internet über
dnb.d-nb.de abrufbar.

ISBN 9783752691443
© 2020 Daniel Haw
Herstellung und Verlag: BoD - Books on Demand, Norderstedt
Umschlagentwurf – Daniel Haw

Neujahrsgruß
kategorisch

Jammre nicht
Mein Jammerlein
Leben ist kein
Stelldichein
Leben stellt dir
Gern ein Bein
Jammre nicht
Mein Jammerlein

Schimpfe nicht
Mein Rohrspatz
Du
Welt ist dumm wie bunte Kuh
Drum halt dir die Öhrchen zu
Schimpfe nicht
Mein Rohrspatz
Du

Grimme nicht
Mein Zickenbart
Fleisch ist willig
Herz ist hart
Schwach der Geist
Bei voller Fahrt
Grimme nicht
Mein Zickenbart

Dümmlich modelt jede Zeit
Macht zu gern die Beine breit
Masse dumpft in Ewigkeit
Wichtigtuer tun sich leid
Überall und jederzeit
Köchelt lecker Eitelkeit

Jammre nicht
Schimpfe nicht
Grimme nicht
Mach's Mäulchen
Dicht

Ende vom Anfang

Hinüber
Geglitten
In den
Jänner
Ohne recht zu
Wissen
Wie

Kein Schnee trieb
Eisewattig
Die Sonne spielte
Lenz
In
Hallehellem Blau

Und
Vöglein
Ließen sich
Betrügen
Tirili tirila

Du liederlicher Lumpenhund

Du liederlicher Lumpenhund
Mit deiner schlappen Mütze
Was latscht du mir durchs
Winterbild
Brichst die vereiste Pfütze

Ich morde dich
Ich meuchle Dich
Ich schneide Dich in Stücke
Mein Hass ist tausend Jahre alt
So alt wie deine
Tücke

Was äugst du scheel
Nach links
Nach rechts
Und fummelst an der Hose
Ich warne dich
Piss du mir nicht
Auf die verschneite Rose

Er tut es
Schüttelt ab das Ding
Und grinst beglückt ins Blau
Es dampft der Brühe
Blasenqual
Zur Seite schaut die Frau

Das stört dich nicht
Du Winterheld
Dein Klo ist überall
Die Welt dein Klo
Welch stolze Tat
Schließ deinen Hosenstall

Du latscht aus meinem
Winterbild
Mit deinem schlappen
Leben
Das Bild ist hin
Mein Hass brennt heiß
Drum will ich dir
Vergeben

Es gibt etwas

Es gibt etwas
Dort hinter Ackerduft
Am Saum
Des weiten Waldes
Dort
Wo verborgen
Kuhdung dünstet
Als Nebelfahne Morgen würzt

Die Sonne lacht
Als würde sie gekitzelt
Und spannt den Himmel
Sangesfrisch

Ein Märzenlüftchen
Bäuert vor sich hin
Es gibt etwas
Dort hinter Hof und Holler

Der goldne Topf
Er leuchtet kinderhell
Streng mäßigt Hefeduft
Die Zwitscherträumerei

Es gibt etwas
Das kommen wird

Le Tombeau de Couperin

An einem Morgen im März
So zärtlich schneeverstöbert
Verlor sich mein Blick
Beim ersten Kaffee
Im närrischen
Weißgewirbel

Ravel sang am Grab
Von Herrn Couperin
Als wär es das erste Mal

Es lag sich so wohlig
In seinem Arm
Da draußen im
Weißen Getanze

Ich schlürfte
Ich lauschte
Ich war bei ihm
Und mit ihm
Am Anfang der Zeit

Ich träumte den
Traum des Lebens
Im Arm des Vaters
Erneut

Der erste warme Tag

Schwer
Kam der Elbduft
Brackig uns entgegen
Es war der
Erste warme Tag
Nach trübem Winter

Wir wanderten
Traumvoll und weh
Einander haltend
Wie vergangen
Zur Mole unseres
Alten Leuchtturms

Möwen
Stießen aus glattem Flug
In kalten Wassersamt
Kreischend
Gefräßig

Da sagtest du
Lebendiger als winters
Ich liebe dich

Und selbst das Flussgeschaufel
Konnte dich nicht stören

Stöhnende Elbebagger
Kämpfend
Blutend
Urzeitungeheuer

Wenn - Frühling

Wenn die Tauben Kotze picken
Wenn im Park die Mammen stricken
Sunterm Bierbauch
Drängt zum Ficken
Heissa - hi - Hallotria
Heissa
Ist der Frühling da

Wenn die Schlachter Messer wetzen
Alte Weiblein Zwiebeln setzen
Knaben sich am Dödel knödeln
Zuckersüß verträumt von Mädeln
Heissa - hi - Hallotria
Heissa
Ist der Frühling da

Und die Röcke wippen knapper
Und die Väter werden schlapper
Micha
Peda
Und Sybille
Jede Fresse Sonnenbrille
Alle Birnen köcheln weich
Und der Stachel drängt zum Laich
Heissa - hi - Hallotria
Heissa
Sistter Frühling da

Lentz

Sonne leuch
Dann
Mir deuch
Hoppsasa
Lentze
Da

Findichgut

Wenn
Der Kasus
Unbegründet
Wenn
Der Frosch
Ein Weibschen
Findet
Wenn
Die Hirschkuh
Freudlos
Muht
Das
Findichgut

Grüne Jahre

Und dann
Der Blick zurück
Nach den grünen Jahren
Als alles noch
Vor dir

Bleibst stehen
Es gibt Momente
Dann nur dann
Der Blick
Stöhnen manches Mal

Keine leichtfertige
Träne
Nein
Kein Mitleid
Nur ergriffen lauschen
Dass schon alles so lang
Die graue Zahl
Nach den grünen Jahren

Und es regnet wie damals
Auf Bäume herab
Heister
Kresse
Kniehohes Gras
Eine Weise grüner Zeit

Stehst du
Einen Moment nur
Wartend
Ewigkeit

Moeran

Regengrün
Die
Tropfende Vergangenheit
Regengrün
Und
Selbstgenügsam
Rastet
Kalter Nachmittag
Jenseits
Verperlten
Fensterglases

Regengrün
Das schwere Neigen
Müder
Wipfel

Drei Bogenträume
Nur
Und
Prasseldichtes Rauschen
Der Wahrheit
Voll
Im
Regengrün

Tropfendes Sein
Violentrost
Bleib

Bleib

Trochäus und Daktylus

Trochäus
Und
Daktylus
Gingen beid
Nach
Ephesos

Ephesos
Ist
Abgebrannt
Trochäus
Nach Haus gerannt

Daktylus
Noch
Unverwandt
Hofft
Auf einen
Reim
Mit
Andt

Am Strande

1
Kein Arsch in der Hose,
nur Speck auf der Rippe,
das Bier aus der Dose,
so watschelt die Sippe
zum sandigen Strande,
zum strandigen Sande,
mit waberndem Bauche.
Der Wind kommt vom Lande.

2
Hochsommerlich schwappend -
die baltische Welle,
und Krabben sich schnappend,
in kreischender Schnelle,
am sandigen Strande,
am strandigen Sande:
der gleißenden Möwen
heißhungrige Bande.

3
Die Sippe, sie sinket
ans Sommergestade,
und zügellos trinket
vor lustvollem Bade.
Aus blechernen Büchsen
spritzt zischend das Bier.
Schrill kichern die Nixen
der Sippe allhier:
im Sande am Strande;
der Wind kommt vom Lande.

4

Doch kaum gestillt
ist der Meute Durst,
gelüstet ihr's wild
nach Fritten und Wurst;
ja, Wurst und Fritten
die sollen es sein:
die Fritten schön ölig -
die Wurst sei vom Schwein.

5

So füll'n sich die Leiber
mit Fett und mit Brät
die Kerle und Weiber.
Der Landwind, er weht.
Er pfeift übers Meer
bis zum Himmelssaum.
Tief jagt er und schwer
und peitscht es zu Schaum.

6

Und schwabbeldiwabbel
und wabbeldischwab
mit trunk'nem Gebrabbel
- das Höschen sitzt knapp –
drängt die Herde ins Nasse
auf Luftmatratzen.
Es quellet die Masse,
feist grinsen die Fratzen.
Hier planschen Najaden,
dort spritzen Tritone
in Gischtkaskaden,
der Warnung zum Hohne:
denn rot weht die Fahne
hoch knatternd im Wind,

auf dass sie ermahne
Mann, Frau und Kind:
Hinaus aus der Flut
zum sicheren Strand,
der Übermut
reicht dem Tode die Hand!

7
Doch schon hängt die Sippe,
wie nasse Ratzen,
mit blauer Lippe
auf Luftmatratzen.
Und treibt rasch aufs Meer
- es bibbert der Speck -,
der Landwind bläst schwer
und drängt sie hinweg.
Die Sippe, sie brüllt
in höchster Not
von Angst erfüllt,
vor nahem Tod.

8
Sie winkt und sie schreit,
unbemerkt indes
bleibt weit und breit
ihre Nemesis.
Ein Jüngelchen nur
steht lächelnd am Strand;
von naiver Natur
hebt es freundlich die Hand
und sendet der Meute
- zu ihrem Verdruss –
nicht Hilfe, nicht Rettung,
bloß einen Kuss.

9

Kein Arsch in der Hose,
nur Speck auf der Rippe,
im Sand liegt die Dose.
Hinfort ist die Sippe:
vom sandigen Strande,
vom strandigen Sande.
Weit dehnt sich die See.
Der Wind kommt vom Lande.

Stille

Stille
Wipfelschweigen
Vor verlassenen
Fenstern

Dächerschwärze
Bühnentiefe
Einer Weltennacht

Glimme Spitzen
Aus Unendlichkeit
Flimmern
Mir
Herab
Der am Fenster sitzend
Lichterlos vergessen
Seufzer lauschend
Straßenschlummer
Hütet
Letzten Hauch
Erschöpfter
Stadt

Stadtsommernacht

Wie von ferne
Hallen
Hupen
Schriller Stahl
Dumpf
Knurrende
Müde
Motoren

Fortrauschen
Unter offnem
Fenster

Weißes Neonlicht
Friert
Hinterm
Blätterwerk
Stadttreuen Grüns

Nahm Abschied
Schon im Frühling
Ich vom zarten
Bäumchentrio

Siegt unerklärbar
Ihre Kraft
Für einen
Neuen Sommer
Abgastrocken
Staub im Staube

Fahrt

Kettenlichtchen
Kränzen
Schwarzverbuckelt
Gähnt die
Stille Ferne
Räderrausche
Fahrt

Noch
Ein heller Wolkenriss
Wie der Nebel
Leblos
Über Wipfelhast
Räderrausche
Fahrt

Stadtgeschimmer
Hinterm Saum
Der Albtraumschwärze
Widerscheinend
Höllennacht
Des Opferfestes
Wo in Öfen
Tiefsten Gleichmuts
Menschenseelen
Schmelzen
Räderrausche
Fahrt

Karfunkellichter
Treue Paare
Schweben im
Schwarzen
Niemandsland
Und
Peitschenhiebe
Scheingewerfe
Quälen die
Müden Augen
Räderrausche
Fahrt

Ewigkeiten

Ewigkeitensuche
Augenblicke
Erinnere Dich
Ewigkeiten

Eines Tages
Knabenjung
Die Fähre nach Korsør
Windlachender
Polar in Sonnensymphonie

Dass ich leben darf
Grundlos glücklich
Ewigkeiten

Mein Ostseemorgen
Regenweit
Die Düne träumt
Strandhafern
Träg

Vergischtes Wellenspiel
Schaumrandet
Dunklen Sand

Koste ich Leben
Sand in allen Taschen
Und auf den Lippen
Salzkusseligkeit

Ewig ewig

Amrum

Brande
Gischt
Stürmt Meer
Schlappt leckend
Vom
Schaumigen Sand
Zurück
Erneut
Rollt
Peitschenzerrissen
Die Masse heran
Brande
Gischt

Körbe
Versandet
Ermattet die Farben
Gebeizt
Von Sonne und Salz

Knatterndes Tuch
Ratternde Fetzen
Bleiche
Zuckende Zeichen

Über das harte
Gesträuch
Jagen sandige Hiebe
Biegen
Schneiden Gebüschel
Scheiteln den Schopf
Der Düne

Sommersorge

Leer sind meine Taschen
Lachend fluche ich
Wider die Kunst

Ein Sorgengaul
Begleitet mich
Gutmütig gähnend
Müde Hufe schleppend

Der späte Sommermorgen
Liegt im Schlaf
So tief
So still
Dass ich die eigenen
Schritte höre

Anderland

Sliegt ein
Land
Im Hinterland
Hinter Schnee
Und
Rheumatee

Sliebt sich selbst
Mit
Herz und Hand
Und
Sein Nam
Ist
Anderland

Herz und Hand
Rand und Band
Anderland
Ist
Abgebrannt

51

Amor Dental

Bsss
Bsss
Schon naht der Bohrer mit Braus
Bsss
Bsss
Sich dem Kiefer mit Graus
Bsss
Bsss
Auf sperr das Maul und erstarre
Bsss
Bsss
Und im Sessel verharre

Doch welch Zauber geschieht
Furcht und Panik mich flieht
Denn überm Mundschutz
So rein
Laden zwei Sterne mich ein
Schwarz wie Sterne nicht sind
Himmel
Wie schön ist das Kind

Doch was seufze ich KIND

Hat sie doch promoviert
Klug die Zange geführt
Tausende Zähne gezogen
Keinen Patienten betrogen

Scheherazade Dental
Wenn du bereitest mir Qual
Nehm' ich sie hin mit Genuss
Für einen einzigen Kuss
Für einen einzigen Blick
Widme ich dir mein Geschick

Bsss
Bsss
Emsig ist ihr Geschäft
Bsss
Bsss
Ach mir ist es nur recht

Bsss
Bsss
Bsss

Automne

Le premier jour
Der erste Tag
Ich sag
Salut soleil
Mon camarade
Du sud
Du bist wie ich
Comme moi
Mein Freund
Un
Déserteur
Du temps
Der Zeit

Leuchtendes Laub

Leuchtendes Laub
Trudelte einsam
Herab
Zu den Haufen
Raschelnden
Goldes

So verlockend
Dass ich
Leise Trauer litt
Nicht mehr wie in
Kindertagen
Den Wunsch zu spüren
Nein
Unbändigen Drang
Das Gold
Rasend
Im Übermut
Wild zu zerstieben

Einsam der Weg
Und lautlos
Die Feldhasen
Nur gräuliches
Gehusche
Über der
Stoppelkrume

Sansibar

Immer wenn der Winter naht
Lange hinterm Blattspinat
Freut sich Kind und Kinderschar
Auf den Herbst
Wie sonderbar

Tote Blätter wirbeln rum
Blatterntote bleiben stumm
Meiers Peter schreit HURRA
Ich troll mich nach Sansibar

Eckern sammeln
Eicheln sammeln und Kastanien
Die gammeln
Tütenprall im Schrank vergessen
Darauf bin ich nicht versessen

Uhu kleistert wie noch nie
Paulis Hand und Dorles Knie
Herbst
Du bist ein Bastelspaß
Oben duster unten nass
Dicke Jacken
Feste Schuh
Mache deine Äuglein
Zu
Bimmel
Bammel
Bis Neujahr
Ich troll mich
Nach
Sansibar

Oktober

Raschliges Vergessen
Auf den festen Wegen
Die erschöpften Tage
Klingen violonen
Gut
Geschafft

Zeitenneige
Schritt nach Schritt
Heimwärts
Neigen Schritte
Gut
Geschafft

Schwere Nächte
Schlafen im Gewölk
Sinken klamm
Schwarzes Buschwerk
Träumt
Am Rande
Kammertont oboen es
Durch
Karge Kronen
Tiefer Lack gluckst
In der
Niederung
Sohlenmatt
Durchs müde Gras
Stilles
Ruderndes Gefieder
Taschenhände sind wie
Freunde

Über
rundgewölbter
Wolle
Hohen Schultern
Kragennest
Heimwärts
Locken Lichter
Gut
Geschafft

Feste Wege
Seitab
Hasenhuschen
Wie verstohlen
Kalte Tiefe
Schluckt den Blick
Wanderträume
Federfüßig
Melodien
Weich
Raschliges Vergessen
Die erschöpften Tage
Heimwärts
locken Lichter
Wie verstohlen
Weich
Heim ist Ende
Ende
Heim
Zeitenneige
Gut
Geschafft

Betrogen

Um die Unschuld
Des
Lichtes
Im herbstlichen Sehnen
Blattgold vor Augen
Im Schädel
Die Erwartungen
Verschüttet
Unter unsrer
Hände Arbeit
Heilos

Wo mir das
Flammenblättchen
Fremd sei
Wo heller Hauch
Im Feuerspiel
Nur feucht
Nur lästig falle

Verschmäht
Das Herbstgold
Als könnt es nicht
Den Opfergang
Beenden

Betrogen
Wir im
Raschelrot
Verachtend gähnend

Havarie

Morgenmantel
Mein guter Freund
Kaffeeschale
Geliebtes Halb
Eure Zärtlichkeit
Trägt
Meinen Blick
Ins Nebelgold
Schwarzer Schraffur

Rasende Idioten
Zerren
An meinem Traum
Und
Kranke Narren knallen
Mir motorig
Durch den Frieden
Welchen Rechtes
Welcher Hoffnung

Morgenmantel
Du zerrissener
Kaffeeschale
Du angeschlagene
Lasst uns Schiffbruch
Erleiden
Im goldenen
Meer

Hohn

Aufgefedert
In schmerzkaltem Grau
Verwöhnt vom Polartraum
Um den Rest des Goldes
Zitternd
Die stolzen Sommerfreunde

Weißes
Kreischen verhöhnt sie
Aus
Heringshungrigen Kehlen
Zacken
Pflügen durch den
Frieden

Wie zum Segen
Aus dem hohen
Backsteinmaul
Emsig quellend
Feenschleier

Greller Zauber

Der Morgen
Hält
Den Atem an
Goldenen Eises
Und
Greller Zauber
Am
Himmel

Endlich
Das letzte Blatt
Zu Boden
Im frostigen Schlaf
Mein
Blaues Straßenschild

Magere Rauchfahnen
Umkreisen
Elstern
Der Morgen hält
Den Atem an

Die Zeit gerinnt
Wie schon vor
Tausend Jahren

Der Tag wird
Enden
Nicht
Mein greller
Zauber

Drei Töne

Auffahrend aus dem Sofaschlaf
Aus televisionärem Traum
Voll Unschuld
Bang und wund
Greift mich vom Bildschirm
Blonde Rhythmik an

Ein Lied
Ein Song
Ein Irgendwas
Beherrscht den Augenblick
In technisch reinem Licht

Ein geiler Mund höhnt schamlos gell
Voll Wichtigkeit in Lügenlitanei
Beschwört ein dummes Lippenpaar
Wertloses Wortgeschmiede

Doch irgendwo im Hintergrund
Erbärmlich zugerichtet
Klagt leise noch
Ein kleines Melodei
Drei Töne nur
Ganz weh und wahr

Entflohen televisionärem Traum
So wund
So bang
Wahrhaftig noch
Rühren die Töne mich
Einsame Kinder
Winternächtens

Ich nehme sie
Ich hüte sie
Als wären sie
Die meinen

Und als sie warm
sich
schmiegen
Ins Vaterherz
Da schluck ich ein ums
andre Mal
Und führ die Hand zur Stirn

Ich lach' dir ins Gesicht

Ich lach' dir ins Gesicht
Du traurige Jahreswitwe
Es friert der bleiche Ast
Meister Polar klagt eisig
Tagestode ein

Ich lach' dir ins Gesicht
Du witwige Jahrestrauer
Noch gebe ich nicht auf
Im Flor des Reifs
In bangem Frost

Denn noch brennt
Flackerkerzenlicht
In meiner Hände Höhle
Ich trau dem guten
Goldenschein
Und glaub' an nächstes Jahr!

Winterzauber

Die Sorgen brannten mir im Magen
Und in den Taschen, denn die waren leer
Mein Weg im Morgenfrost ließ mich verzagen
Das Jahr war leicht, sein Ende bitterschwer

Es froren kahl die Bäume meiner Straße
Als wär' das Leben nur geträumter Traum
Trostloser Jammer, Trauer ohne Maße
Ich schaute auf, und sah die Sonne kaum

Ein weißer Fleck in mattem Himmelsstahl
So still und wie vergessen von der Zeit
Als litt auch sie in winterlicher Qual
Als litt auch unter Schulden ihre Heiterkeit

Doch grad' als ich im Hader mit der Welt
Der Hoffnung höhnte, die im Echo starb
Da sprang ein Zirkuszauber aus dem Zelt
Kopfheisterte und spuckte mir aufs Grab

Und spottete als großer Plastikfetzen
Hoch knatterfroh im Baumeswipfel
Ein windgepeitschtes quietschvergnügtes Hetzen
Ein Flatterspaß der wilden Flammenzipfel

Da spottete auch ich im Wintermorgen
Und lachte mutig meinen Kleinmut aus
Und deutlich wurde mir, was mir zuvor verborgen
Das große Lächeln aus dem großen Haus

Lampenträume

Lampenträume hinter
Schwarzverzweigter Nacht
Schwören Heim

Einsam lautlos
Wandern Schatten
Dunkler Frost

Nur die Sehnsucht
Wärmt mich
Der ich
Fensterlich verloren
Deiner hoffe

Lampenträume summen
Lieder
Tief verborgen
Wie auch deine Augenschwere

Majestätisch matt
Eitel sicher satt
Lässt du Tigerblicke
Glänzen
Liebeslächelnd
Bös

Liebend biet ich meine Lippen
Tigerküssen
Töte
Meine Schöne

Oder

Dezemberstadt

Gefrorene Zeit
Im Zelte der Arktis
Als blauheller Hauch

Die Stadt verliert ihre
Macht
Im Klirren
Im Knirschen
Im Frosttraum Dezember

Abendmorgen

Lauschest du
Dieses Stöhnen
Irgendwo
In der
Tiefe

Die begrabenen
Vergessenen
Mütter
Vielleicht
Oder dies
Endlose
Lebenslavieren

Tatsächlich
Erwachte ich doch
Ohne zu wissen
Ob es
Morgen
Oder
Abend

Schon wieder
Hör hin

Das kalte Milchlicht
Der Turnhalle
Und die
Imbissschwaden
Das Schornrohr
Hinausdrückte

Pubertierende Zicken
Wischten den Erstschnee
Von Motorhauben
Um sich
Tuntengewinsel
Die weiße Pracht
In die
Fressen
Zu schleudern
Schlag
Das alte
Maul
Tot
Rickeracke
Die
Gebetsmühle
Reallitanei
Und
Lasst
Die Mütter
Begraben

Ich erwachte
Und wusste nicht
Ob Morgen oder Abend

Und als ich
Die Neonlaterne
Als ich hinter
Frostfenster
Sie einsam
Weinen

Weißböcklein

Abend
Am Morgen
Das Licht der
Jahrtausendneige
Die Mutter
Der Dämmerung
Doch in die
Rabentrauer
Hinein
Spottet
Ein weißes
Gespringe
Das tanzende
Flöcklein
Stecknadelkopfböcklein
Lacht
Über mein Elend
Am Nachttisch
Der Welt

Jahrestod

Verbrenne
Alle Briefe
Bevor der Winter
Verbrenne

Kläglich
Das
Vergangene Lieben
Kläglich

Ein
Weinerle
Ein
Bibbern
Ein
Abgeschmacktes Winseln

Kusch
Kusch
Bevor der
Jahrestod

Inhalt